RÉFLEXIONS

SUR LE

COMMERCE DE FRANCE.

DEUXIÈME SUITE.

Systéme continental. — Arts Manufacturiers. — Anciennes franchises des Ports. — Traité de Commerce entre la France et l'Angleterre.

Par M. GARONNE,

Ancien Député de la ville et du Commerce de Cete, près l'Assemblée constituante.

A PARIS,

Chez Ant. BAILLEUL, imprimeur-libraire, rue Helvétius, N°. 71;

Et chez P. MONGIE l'aîné, libraire, boulevart Montmartre, N°. 7, près le passage des Panoramas.

1814.

RÉFLEXIONS

SUR

LE COMMERCE DE FRANCE.

Le commerce est le lien des nations et le mobile le plus puissant de leur prospérité. « C'est presque » une règle générale, que partout où il y a des » mœurs douces, il y a du commerce, et que partout « où il y a du commerce, il y a des mœurs douces (1).

Sous le règne paternel de nos rois, le commerce doit s'attendre à la plus grande protection. La paix maritime, la restitution de nos colonies, le perfectionnement de nos arts, la richesse et l'abondance de nos produits terri'oriaux, à l'exploitation desquels l'abolition d'une loi désastreuse va rendre un grand nombre de bras, ouvrent le champ le plus fertile à ses vastes et importantes opérations. Nos armées ont fait assez pour la gloire de la France, c'est au commerce désormais à agir pour sa prospérité.

L'objet de cet écrit est de présenter quelques notions sur l'état actuel de plusieurs branches de l'industrie française ;

De prouver que si des changemens deviennent in-

______

(1) Montesquieu.

dispensables, relativement au système actuel de nos douanes, quelques-uns de ces changemens ne sauraient être opérés avec trop de précautions et de ménagemens, autant du moins que le Gouvernement en conservera la faculté, en raison des circonstances extraordinaires dans lesquelles nous nous trouvons ;

D'entamer une discussion franche et impartiale sur plusieurs questions qui sont du plus grand intérêt pour notre agriculture, pour le commerce maritime et pour nos arts industriels ; telles que le rétablissement de la franchise de certains de nos ports, la possibilité d'un traité de commerce entre la France et l'Angleterre, etc., etc.

Nous sortions à peine d'un temps d'anarchie et de vandalisme qui avait tari toutes les sources du revenu public, lorsque le Directoire, cherchant à rétablir les finances, n'en trouva les moyens que dans la mobilisation des rentes, dans des emprunts forcés, dans la continuation d'un impôt foncier excessif, dans des impôts mobiliers, des impôts somptuaires, des droits de timbre, d'enregistrement, de barrières, de portes et fenêtres, de patente, presque tous plus arbitraires les uns que les autres. Ces impôts étaient vicieux, sans doute, en grande partie, mais ils formaient une masse considérable de revenus, qui, en laissant au Consulat les moyens de niveler ses dépenses à ses recettes, lui donnait la possibilité de s'éclairer de l'expérience pour faire les réformes et les changemens qui pourraient être jugés les plus utiles. Le Consulat parut animé de ces louables intentions, en créant une commission qu'il chargea du soin de donner aux impositions la direction la moins grevante pour les particuliers et la plus avantageuse pour l'Etat.

Alors n'existait pas encore cet échafaudage immense, ce monstrueux système de fiscalité qu'on s'est efforcé depuis de faire concorder avec les idées d'une ambition gigantesque. On croyait avoir d'autres moyens d'atteindre et de blesser à mort une nation voisine, dont la résistance opiniâtre a soutenu avec tant de persévérance le zèle et les efforts honorables de l'Europe pour la cause de la liberté du Monde ; mais lorsqu'on eut vu se pourrir dans nos ports ces nombreuses flottilles, dont on nous parla si long-temps comme du résultat des plus vastes conceptions, et qui n'eurent d'autre effet que de nous rappeler la fable de la montagne (*nascitur ridiculus mus*), alors on crut trouver dans le système fiscal le plus odieux et le plus révoltant, un moyen de plus de parvenir au but qu'on s'était proposé.

De triples lignes de douanes gardées par des armées d'employés ne suffirent point pour arrêter la contrebande ; car, plus on élève la quotité des droits, plus on multiplie les prohibitions, et plus on offre d'appât aux fraudeurs. Mais, d'une autre part, le défaut de commerce ordinaire dans l'intérieur, occasionné par la suspension presque totale de celui de nos ports, fit affluer vers chacune des branches de l'industrie manufacturière qui présentait quelque chance de bénéfice, une foule d'individus qui ne savaient où trouver ailleurs d'autres moyens de travail et d'existence. Tout comme on avait vu pendant un certain temps, à Paris, un grand nombre d'hôtels et d'écuries transformés en magasins et en boutiques, de même aussi on vit s'accroître outre mesure le nombre des fabricans de tout genre. Les faits glorieux de nos armées, en servant pendant long-temps l'ambition excessive de leur chef, ouvrirent à l'industrie française de grands débouchés ; ces débouchés provoquèrent un nouvel enthousiasme, et quoique les événemens de la guerre aient entraîné après eux des momens plus ou moins critiques, plus ou moins heureux, l'élan industriel n'en a pas moins été porté à son comble, et plusieurs de nos arts manufacturiers se sont élevés au point le plus florissant qu'ils pussent atteindre.

Ainsi, quels qu'en aient pu être les motifs, toujours est-il certain que l'industrie nationale a été favorisée en France pendant un assez grand nombre d'années par une foule de circonstances qui ont dû beaucoup contribuer à ses succès. D'où cette conséquence peut être ici déduite, que nos arts manufacturiers doivent être à même aujourd'hui de soutenir la concurrence de l'étranger au dehors, et de la repousser au dedans, au moyen surtout des sages mesures que le Gouvernement actuel ne manquera pas de prendre à cet égard.

Le système fiscal tel qu'il existe en ce moment, ne saurait être maintenu : la quotité de certains droits est excessive, et quelques-uns de nos débouchés extérieurs ne pouvaient avoir lieu que tout autant que l'abus de la force nous permettait momentanément de dicter des lois à des États étrangers qui ont recouvré la faculté bien légitime, de se gouverner de la manière qu'ils croiront être la plus favorable à leurs intérêts.

Maintenir trop long-temps, par exemple, les droits exorbitans imposés sur le sucre et sur le café, aurait à la fois les inconvéniens d'occasionner une grande contrebande de la part de l'étranger, de contrarier l'exploitation de nos colonies, et de tenir des denrées, à la privation momentanée desquelles le peuple français a eu tant de peine à se résigner, à des prix qui les mettent trop hors de portée du plus grand nombre des consommateurs. Nous ferions aussi de vains efforts pour contraindre les nations étrangères à faire usage, de préférence, des étoffes de nos fabriques, si la qualité et le prix de ces étoffes ne donnent pas à nos fabricans les moyens de soutenir au dehors la concurrence de l'étranger. Ces motifs concourent donc à exiger que la quotité de nos droits de douane soit diminuée (1).

____

(1) Sans doute il eût été à désirer que le passage du tarif ancien à un tarif nouveau, eût été aussi lent et aussi doux que possible ; mais le rapport du commissaire des finances et du trésor, qui paraît au moment même du tirage de ces feuilles (le 24 avril), ne prouve que trop que la dissolution des lignes des douanes établies sur nos frontières de terre, depuis Genève jusqu'à Dunkerque, occasionnée par les derniers événemens militaires, et l'occupation par l'armée anglaise de tous les ports des côtes de Guienne et de Gascogne, depuis Bordeaux jusqu'à St.-Jean-de-Luz, ont ouvert en France, sur une étendue de plus de 150 lieues, une introduction libre à la contrebande, que l'administration reste sans aucun moyen de réprimer. Ces événemens, qui vont occasionner des pertes considérables à quelques spéculateurs et à plusieurs fabricans, ne peuvent point être imputés au Gou-

Certes, ce n'était pas la peine d'assujétir pendant plusieurs années une grande partie de l'Europe à tenir ses ports fermés aux denrées venant d'Angleterre, de représenter comme odieuses et criminelles toutes relations commerciales contractées indirectement avec les Anglais, de faire brûler publiquement et avec autant d'emphase des marchandises considérées comme anglaises, quoique le plus souvent elles n'appartinssent pas à des Anglais, et que, parfois même, elles fussent réellement de fabrique et de propriété françaises, pour autoriser ensuite, en faveur de quelques écus, une contrebande qui devait produire de nouveaux maux, en ruinant à peu de distance les négocians qui avant les licences, s'étaient livrés à des spéculations éloignées, et ceux qui après cette époque, durent également se trouver exposés à des pertes considérables par le trop grand nombre de licences accordées, qui furent imprudemment exploitées. Mais, si une telle mesure démontrait d'une part l'impossibilité dans laquelle se trouvait le Gouvernement français de maintenir plus long-temps un ordre de choses qui avait déjà été

------

vernement actuel, puisqu'ils ont eu lieu bien long-temps avant lui ; mais le contentement du peuple, en voyant diminuer de moitié le prix de certaines denrées, à la privation desquelles il s'était résigné avec peine, doit être pour ces fabricans et pour ces spéculateurs une forte preuve qu'il y a toujours beaucoup à craindre d'un système fiscal, qui, en sacrifiant tout au prétexte de quelques avantages particuliers, ne consulte pas assez des intérêts plus généraux, c'est-à-dire, ceux des consommateurs, qui forment la partie la plus considérable de la nation.

onéreux à l'Europe, et même à la France, de l'autre
elle donna la conviction la plus complète que le
Gouvernement anglais était bien loin d'en avoir
éprouvé le mal qu'on avait cru pouvoir lui faire :
le Cabinet britannique ne voulut admettre aucun na-
vire venant de France en vertu de licence, qu'au
préalable ces bâtimens n'eussent touché en Angleterre et n'y eussent fait une exportation en produits
anglais de 120 l. sterl. par tonneau ; et cela nonobs-
tant les lois de France qui ordonnaient la confis-
cation des bâtimens et infligeaient des peines très-
sévères contre ceux qui se seraient permis d'aborder
en Angleterre. Ainsi, les armateurs français qui
avaient obtenu des licences, se trouvèrent un moment
dans cette dure alternative, ou de voir leurs navires
et leurs cargaisons saisis, s'ils obéissaient aux ordres
du Cabinet britannique, ou de ne pouvoir exploiter
leurs licences, s'ils n'y obéissaient pas. Il fallut se
soumettre à la mesure exigée par l'Angleterre, au
risque de se voir ruiné, et même exposé à des peines
infamantes, si au retour de ces navires dans les ports
de France, où ils devaient prendre les denrées que
leurs licences les autorisaient à porter en Angleterre, un seul matelot eût dénoncé ce fait (1).

---

(1) Quelques-uns de ces navires eurent une traversée assez
heureuse pour, en dix jours de temps, sortir d'un port de
France, toucher à Douvres, y effectuer soit en réalité, soit au
moyen de quelques arrangemens particuliers, l'exportation de
120 l. sterl. par tonneau de produits anglais, et arriver à Bordeaux. Il est inutile d'observer ici qu'en sortant de Douvres,
on avait grand soin de jeter à la mer les produits anglais qu'il

Que résulta-t-il de là ? c'est que les armateurs qui furent assez hardis pour se soumettre les
premiers aux ordres du Cabinet anglais, se gardèrent
bien, en partie, de spéculer sur ces opérations; le fret
de Douvres en France étant monté au prix exorbi-
tant de 1 franc par livre de café, 6 francs par livre
d'indigo, etc., ils se contentèrent d'affréter ceux de
leurs navires qu'ils avaient secrètement envoyés en

---

avait fallu y prendre, pour se conformer aux ordres du Cabinet britannique, ce qui donnait lieu à une première perte
pour les négocians français exploitant ces licences.
D'autre part, le Gouvernement français ayant exigé aussi de
son côté que les négocians à qui il accordait ces licences,
fissent une exportation en objets fabriqués ou facturés en
France, et le montant de ces exportations ayant été fixé,
les négocians français, pour déférer à l'ordre de leur Gouvernement, achetèrent en grandes quantités d'anciennes
étoffes de soie, tant en pièces qu'en coupons, de vieux fonds
de librairie, etc., etc. Mais comme ces objets étaient ou
prohibés en Angleterre, ou qu'ils n'y eussent trouvé aucun
débit, il devenait dangereux ou inutile de les garder à bord ;
dès lors, en sortant des ports de France pour se rendre en
Angleterre, il ne restait d'autre parti à prendre aussi à cet
égard que de jeter le tout à la mer.

Peu importait à l'Angleterre que les négocians français
fussent contraints de jeter à la mer les produits anglais qu'ils
devaient exporter ; cette condition tournait toujours à l'avantage des Anglais et au détriment des Français : mais le jet à
la mer des produits français ne faisait aucun tort aux Anglais,
et augmentait la perte des Français.

Ainsi, d'après ces faits divers, on voit combien étaient
efficaces les ressources du système continental, pour faire
détruire par le feu et par l'eau une grande quantité de marchandises.

Angleterre, ce qui donna lieu à un bénéfice certain et très-considérable pour eux; tandis qu'un grand nombre de ceux qui spéculèrent sur les sucres, les cafés, les cotons, etc., à importer en France, furent exposés à des pertes qui s'accrurent de plus en plus. Mais le but du Gouvernement n'en fut pas moins rempli; il eut de suite de l'argent.

Un ministère des manufactures et du commerce avait été créé, et quelles que pussent être les préventions du commerce à l'égard de la personne à laquelle ce ministère fut confié, cette mesure semblait devoir faire présumer, du moins, que le ministre, entouré d'un conseil général qui se composait d'un grand nombre de négocians et de fabricans, pourrait proposer et faire adopter quelques mesures propres à arrêter ces versatilités de réglemens, ces effets rétroactifs, etc. qui, jusque-là, avaient si souvent entravé les opérations du commerce. Mais ici précisément, se présente une remarque assez singulière; ce fut presqu'au moment où le Gouvernement venait de dépenser une somme de six cent mille francs pour encourager une branche d'industrie nouvelle (la fabrication du sucre de betteraves); ce fut après avoir provoqué, par le zèle du ministre et par celui de tous les préfets, un enthousiasme général sur cette précaire fabrication, que sans avoir égard aux frais de construction et d'établissement de ces fabriques, aux essais infructueux, quoique très-coûteux, de ces malheureux fabricans qui sur ces encouragemens s'étaient ainsi livrés à des dépenses considérables, sans être parvenus, du moins pour la plupart, à obtenir encore les moindres résultats ; ce fut dans cette circonstance que le Gouvernement , dérogeant à ses anciens principes, autorisa l'introduction en France de quantités considérables de sucres exotiques , et dès lors on put dire des nouveaux fabricans de sucres indigènes, comme des poussins de la laitière :

Pauvres petits infortunés ,
Vous êtes morts avant que d'être nés.

Du moment où une mesure aussi extraordinaire que celle des licences eut été adoptée , il fut facile de prévoir que, dans toutes les occasions où le Gouvernement aurait besoin d'argent, il tiendrait peu aux principes du systême continental. Dans cette circonstance, il devenait donc important de connaître d'une manière exacte et précise l'état actuel de nos manufactures, afin de le comparer à celui des manufactures anglaises, et de juger des mesures qui devraient ou pourraient être prises dans le plus grand intérêt de l'industrie nationale. Ce motif me détermina à soumettre au ministre quelques vues particulières à cet effet.

Plusieurs mois s'étant écoulés, et ne recevant aucune réponse, je n'hésitai point à faire un assez long voyage, dans l'intention de visiter une partie des fabriques situées sur la ligne qui s'étend de Marseille à Anvers par l'Alsace. En entreprenant un voyage de ce genre comme simple particulier, je ne me dissimulai pas que je ne pourrais pas toujours parvenir à me procurer des résultats généraux sur des points qu'il m'eût importé de connaître, et pour lesquels j'aurais eu besoin des communications de l'autorité ; je dus donc me contenter des moyens de confiance que mon caractère, quelques ouvrages en faveur du commerce, et des recommandations particulières pouvaient me fournir.

J'ai eu occasion de reconnaître que certains de nos arts, et notamment celui de l'impression des toiles peintes, sont parvenus à un état de perfectionnement très-remarquable. Mulhouse est une très-petite ville, mais c'est là véritablement le triomphe de l'industrie française; c'est là où s'impriment ces immenses quantités de toiles qui sont destinées aux usages de la France et d'une partie du continent. Quelques fabricans ont su porter au plus haut degré de perfection les ouvrages qui sortent de leurs ateliers. MM. N. Koechlin frères tiennent le premier rang parmi eux pour la variété et l'élégance des dessins, pour la plus grande richesse des couleurs et pour quelques procédés nouveaux, tels que *l'enlevage* sur le rouge d'Andrinople, etc. C'est à trois lieues de Mulhouse qu'est le joli vallon de Wesserling, si agréable par la beauté du site et par l'aimable affabilité de ses propriétaires; c'est à Wesserling où MM. Gros-Davilliers Roman et comp^ie. impriment, en temps ordinaire, quatre-vingt mille pièces de toiles, et emploient trois mille ouvriers de tout âge et de tout sexe. Là, on trouve sous la main filatures, tissages, impression, tout ce qui, en un mot, est indispensable aux besoins variés de cette riche et importante fabrication. A quelques lieues de là, à Munster, est la fabrique de messieurs Soehné l'aîné et fils de Paris qui par l'impor-

tance de ses fabrications, rivalise celle de Wesserling. Ces Messieurs ont même des dessinateurs qu'ils
payent plus chèrement, et qui assurent au fini et à la
supériorité de leurs dessins une grande vogue;
mais à peine ont-ils fait faire un dessin de goût, que
ce dessin leur est volé, ou est du moins tronqué par
d'autres fabricans à qui le silence des réglemens sur
ce point laisse ces sortes de larcins impunis, quoique,
dans tout autre genre, en librairie, par exemple,
toute contrefaçon puisse être sévèrement réprimée.

On voit à Colmar la fabrique de MM. Hausman
frères, qui par des connaissances étendues en chimie, ont aussi beaucoup contribué aux progrès de ce
genre de fabrication.

Sans avoir été sur les lieux, sans avoir vu à Wesserling, et surtout à Mulhouse, le luxe somptueux
de certains édifices nouvellement construits pour
servir à ces fabrications, il est bien difficile de se faire
une idée du point auquel ces dépenses ont été por-
tées; mais comme le défaut d'affaires spéculatives ou
commerciales en France a excité une grande émulation sur celles des branches de l'industrie qui parais-
sent présenter quelques avantages, il en est résulté
l'établissement d'une trentaine de fabriques à Mulhouse ou dans les environs, tandis que la moitié de
ce nombre eût suffi.

Les progrès qu'a faits ce genre d'industrie depuis
quelques années, sont dus, en partie, à l'extension
des connaissances chimiques. Les fabricans de Mulhouse, bien convaincus que dans un art qui est
presque tout chimique, il était essentiel pour eux de

connaître les divers réactifs qu'il leur était indispensable d'employer pour *l'enlevage, les réserves*, les
combinaisons des couleurs etc., ont presque tous
cherché plus ou moins à acquérir des notions de ce
genre (1) : cette émulation louable a été couronnée
d'un plus grand succès. Les fabricans de la Belgique,
plus insoucians sur ce point, sont aussi restés plus
en arrière. Mais ceux-ci, moins enthousiastes et plus
prudens, travaillent avec plus d'économie : ils sont
moins esclaves de la mode, et conservent plus long-
temps leurs dessins.

On nomme mignonettes, dans le commerce, des
toiles imprimées mécaniquement, c'est-à-dire, par
le moyen de cylindres. Ces sortes d'impressions, exi-
geant beaucoup moins de frais de main-d'œuvre,
sont aussi celles que les Anglais ont le plus cherché à
perfectionner et à répandre. Aujourd'hui les fabricans
de Mulhouse sont parvenus à dépasser les Anglais,
même dans ce genre : leurs mignonettes sont plus
nettes et plus finies que celles d'Angleterre. Ces fabricans sont arrivés à un point de perfection qui ne
doit plus leur faire craindre aucune concurrence
étrangère, lorsqu'ils auront la possibilité d'employer
des matières premières à prix égal, et qu'ils pourront se procurer des fonds qui ne leur coûteront pas

---

(1) Il serait à désirer que le Gouvernement établit à Mulhouse une chaire de chimie. Il est plusieurs villes en France
dans lesquelles un établissement de ce genre n'est en quelque
sorte qu'un luxe d'agrément ; il serait à Mulhouse de la plus
grande utilité.

plus cher ; car alors ils n'auront plus besoin de mises de fonds à beaucoup près aussi fortes pour fabriquer les mêmes quantités d'ouvrages. D'après cela ils pourront se passer, en grande partie, des capitalistes de Bâle, qui par leurs commandites, par des ventes à crédit et d'autres secours de ce genre, ont recueilli jusqu'à ce jour une bonne partie du bénéfice de ces fabrications (1).

Cet avantage sera le même pour les fileurs, et ceux-ci en ont un besoin d'autant plus grand, qu'il m'a paru qu'en général ils sont beaucoup moins en état que les fabricans de Mulhouse, de soutenir la concurrence étrangère. Il est cependant quelques fileurs, tels que M. Ch. Fievet, de Lille, et autres, qui sont déjà parvenus à un degré très-élevé de perfectionnement.

Les fabrications de Mulhouse et des environs, dans ces derniers temps, vu le haut prix des cotons, donnaient lieu à une circulation d'affaires qui dépassait annuellement quarante millions (2).

---

(1) Il faut le dire ici franchement : sous un régime fiscal qui admet des prohibitions absolues ou des droits élevés, quelques-unes des fabriques situées sur les frontières, auront toujours un grand avantage sur les fabriques de l'intérieur.... celui de la contrebande.

(2) En parlant de Mulhouse, je n'ai cité qu'un de ses manufacturiers les plus distingués ; j'aurais pu en désigner plusieurs autres, mais cet écrit n'a pour but que de fournir quelques notions générales qui ne comportent point de détails de ce genre. Qu'il me soit cependant permis de nommer encore ici MM. Heilman frères et Cᵉ. à qui j'ai dû beaucoup

La fabrication des draps se maintient dans tout son luxe à Sedan, où, en 1810, 1811 et 1812, elle s'est portée à une somme annuelle de près de treize millions, principalement en draps fins et en casimirs. Cette fabrication était du double avant la révolution ; mais Verviers, Eupen, Aix-la-Chapelle ont enlevé à Sedan une grande partie de ce commerce, qui est très-florissant dans ces trois villes.

Les renseignemens que je pourrais donner sur la fabrication du sucre de betteraves n'offriraient plus aujourd'hui le même intérêt. J'ai suivi sur toute ma route cette nouvelle branche d'une industrie si précaire, et je n'ai pas été peu étonné de trouver des fabricans assez enthousiastes pour avoir dépensé plus de cent cinquante mille francs à des établissemens de ce genre, sans avoir les moindres notions de cette fabrication, et sur la seule espérance de trouver un ouvrier expérimenté qui pût diriger leurs premiers essais (1).

---

de renseignemens utiles, et les prévenances de société les plus aimables.

(1) Si le système continental, ainsi que j'ai déjà eu occasion de l'observer, a fait détruire une quantité considérable de marchandises françaises, ou autres qu'il a fallu brûler ou jeter dans la mer, il a donné lieu, par contre, à une manie de produits indigènes dont les consommateurs n'ont pas toujours eu à se louer, et qui parfois a déterminé des fraudes très-répréhensibles. Je ne dirai rien ici du perfectionnement auquel on a pu porter le kinkina-marronnier, le café de chi-

Le tissage des toiles de fil et de coton et les blan-
chîmens de St.-Quentin sont dans un état florissant ;
St.-Quentin a aussi de belles filatures. Cette petite
ville a toujours été infiniment industrieuse. La paix
maritime va beaucoup diminuer les avantages qu'elle
eût pu retirer de son canal pour le transport des vins
et autres branches de la navigation intérieure.

Il est impossible de parcourir les belles pro-

---

corée, celui des pois chiches, etc. le sucre de châtaignes et
celui de pommes de terre, les sirops de raisins, d'amidon et
de miel, la fabrication du pastel, etc., etc. ; produits indigènes qui tous ont plus ou moins répondu aux espérances
qu'on avait cherché à faire naître sur chacune de ces découvertes récentes. Mais il est une de ces découvertes, entr'autres, que je dois désigner comme donnant lieu à une
fraude qui devrait être sévèrement réprimée ; j'entends parler
des poivres indigènes qu'on fabrique à Dijon, à Paris et dans
quelques autres villes, où ils sont connus sous le nom de
petits poivres. Au coup d'œil, il est impossible de ne pas
prendre ce *petit poivre* pour du poivre véritable ; il en a la
couleur, la forme, les grains également ridés, et tout ce
qui peut tromper, si l'on s'en tient à l'apparence ; mais
l'écrase-t-on sous la dent, on n'y trouve aucune des qualités
ou des propriétés du poivre. Le seul avantage qui résulte de
cette découverte, consiste donc dans l'appât qu'elle présente
aux fripons, qui mêlent cette drogue faite avec de la mou-
tarde, du piment, de la farine, ou tout autre ingrédient
moins cher, à du poivre véritable, et trompent leurs ache-
teurs, en la leur vendant comme tel. Une pareille fraude
est d'autant plus répréhensible, que, pour la reconnaître, il
faudrait nécessairement goûter tous les grains du poivre
qu'on est dans le cas d'acheter.

vinces du Brabant et de la Belgique, sans être
frappé de la fertilité du sol et de l'industrie active
de leurs habitans (1). Nulle part en Europe on ne
trouve à des distances aussi rapprochées un aussi
grand nombre de villes; nulle part les villes ne sont,
en général, plus grandes, plus belles, plus riches et
plus peuplées, quoique sous ces deux derniers rapports elles aient infiniment perdu de leur ancienne
splendeur. Anvers, pendant deux siècles, a été un
des ports les plus commerçans du monde : en 1550,
on y comptait encore deux cent mille habitans. Le
bâtiment des *Osterlins* construit aux frais des villes
anséatiques, contenait dans ses étages supérieurs
trois cents chambres destinées à l'usage des négocians
étrangers. Anvers était alors « la ville commune de
» toutes les nations. » Bruges était anciennement
la capitale de la Flandre : les comtes de Flandre y
séjournaient, ainsi qu'à Gand, alternativement; mais
Bruges fut surtout considérée comme ville de cour
jusqu'à Charles-Quint. Dans le 14e. siècle, cette ville
importante servait d'intermédiaire au commerce maritime entre le nord et le midi de l'Europe; elle
faisait partie de la confédération des villes anséatiques; elle avait des consuls de toutes les nations;
son port était FRANC, moyen bien autrement efficace
pour attirer un grand commerce, que ces entrepôts
fictifs ou réels que, dans ses conceptions étroites, le

----

(1) Ces détails historiques et commerciaux sont extraits de
la relation manuscrite de mon voyage.

génie fiscal a imaginés en France pour suppléer aux franchises. C'est à Bruges qu'a été établie la première de ces réunions commerciales que par suite on a nommées BOURSE, du nom de *Van de Bors* que portait alors la maison dans laquelle ces sortes de réunions eurent lieu. L'art de tailler et de monter les diamans était très-anciennement connu à Bruges, où il attira de grandes richesses. Dans le 14e. siècle, on y comptait plus de dix mille métiers de draps; le nombre de ses ouvriers était très-considérable; ses faubourgs étaient immenses; ils ont été brûlés en partie lors des derniers troubles sous Maximilien; mais on trouve encore en fouillant des débris d'anciens bâtimens hors la ville.

Bruges, Ypres, Bruxelles, et plus anciennement Louvain, étaient en possession exclusive du commerce et de la fabrication des étoffes de laine : on ne connaissait pas encore l'usage de la toile. Les Anglais, alors arriérés dans presque tous les arts, ne furent pendant long-temps que les simples bergers des Flamands et des Belges, à qui ils envoyaient leurs laines, se contentant de recevoir des draps en retour. A la vérité, dès les troubles de Louvain, Edouard III leur roi, jaloux de tous les genres de gloire, avait cherché à fixer leur attention sur une industrie qui devait leur être si profitable. Venceslas, duc de Louvain, par l'effet d'un ressentiment et d'une politique peu sages, chassa de Louvain tous les manufacturiers. Edouard chercha à les attirer en Angleterre; quelques-uns y passèrent, mais les

guerres qui survinrent entre la maison de Lan-
castre et celle d'Yorck s'opposèrent aux progrès de
ces nouveaux établissemens. La majeure partie des
fabricans de Louvain s'était fixée d'ailleurs dans les
environs de cette ville, ou était venue se réfugier à
Bruges, dont le commerce et la prospérité furent sans
cesse croissant jusqu'au règne de Maximilien. Maximilien était prince étranger ; il avait épousé Marie,
fille et unique héritière de Charles-le-Hardi, en
qui finit la seconde maison de Bourgogne. Comme
tuteur de ses enfans il voulut rester chargé de leur
éducation qui d'après les lois devait être confiée
aux Etats. Les Etats s'y opposèrent, et de là pro-
vinrent les troubles qui occasionnèrent la ruine
de Bruges. Vers la fin du 15e. siècle la cour fut
transférée à Gand, le commerce maritime passa à
Anvers, et le plus grand nombre des manufacturiers fut s'établir en Angleterre. Les Anglais doivent
aux peuples des anciens Pays-Bas le modèle de leur
constitution, la majeure partie de leurs arts industriels, les premières leçons d'une bonne culture, et
l'exemple des canaux qui en facilitent les progrès.
Dans ces temps reculés où le Brabant formait un
état séparé qui était gouverné par ses princes particuliers, il avait obtenu cette heureuse constitution, qui sous le nom de *joyeuse entrée* réglait
avec sagesse les droits du Souverain et les privi-
lèges des peuples. Cette charte mémorable est la première et la plus sûre cause de la prospérité de ces
peuples. Cette prospérité s'accrut sans cesse à me-

sure que, par divers priviléges, les Souverains des Pays-Bas surent attirer à eux le commerce et l'industrie que les gènes et les vexations du régime féodal tyrannisaient dans les états voisins. Sous la protection de ces princes, chaque ville était en quelque sorte un état particulier qui avait ses statuts et ses lois. Les hôtels-de-ville d'une architecture gothique, sont presque tous des édifices magnifiques qui attestent encore les fonctions importantes de leurs magistrats : ces magistrats, d'après une des clauses de l'acte constitutionnel, ne pouvaient être choisis parmi les personnes qui avaient des emplois de confiance ou d'un certain revenu à la nomination du prince. Les bâtimens qui appartenaient aux compagnies des arts et métiers sont également remarquables, et on peut juger de l'influence que devaient exercer ces corporations, par les immunités qui leur avaient été accordées; nul subside n'était levé sur elles sans leur consentement (1). La prospérité des arts industriels détermine toujours la culture et les progrès des arts libéraux ; de là l'origine des nombreuses académies de peinture et de sculpture qui ont rendu si célèbre l'école flamande. Chaque grande ville avait son aca-

---

(1) Philippe II, en établissant les douanes en Flandre, porta une atteinte funeste au commerce de ces riches et fertiles provinces. Les États protestèrent en vain contre cette infraction à leurs priviléges ; elle fut maintenue sous le règne faible et insouciant de Philippe III, et y a été continuée sous ses successeurs.

démie. Dans un pays où généralement on aimait et on cultivait les arts, où chaque particulier un peu aisé avait en quelque sorte une collection de tableaux, on conçoit que des corporations opulentes qui toutes avaient leur chapelle particulière dans les principales églises, durent mettre de l'amour-propre et même de l'ostentation à orner ces chapelles avec le plus grand luxe : de là ces magnifiques tableaux, ces belles statues, ces superbes galeries dont, malgré tout ce qui en a été enlevé dans ces derniers temps, on trouve encore tant et de si beaux restes dans presque toutes les églises du pays. Anvers, Gand, Bruxelles, Malines, présentent des monumens admirables de ce genre, et ils y sont en grand nombre... Mais où m'entraînent mes souvenirs? Une digression de ce genre est étrangère au sujet que je dois traiter ici, et auquel il est temps de revenir. Si les arts libéraux présentent à l'esprit et à l'imagination des idées plus riantes, des tableaux plus agréables, le commerce et les arts industriels n'en ont pas moins le droit de nous intéresser par l'influence qu'ils exercent sur le sort et sur la prospérité des peuples.

Dans les tanneries que j'ai eu occasion de visiter, on m'a paru apporter de trop fortes préventions contre les procédés nouveaux que la chimie ne cesse de désigner à cet art important. Il faudrait du moins faire quelques essais; il faudrait surtout que ces essais fussent faits avec soin et dirigés avec méthode et intelligence. Les tanneurs devraient se rappeler davantage les objections qui ont été opposées, dans l'origine, contre l'emploi de l'acide muriatique oxigéné pour le blanchiment des toiles. Des essais mal faits, et les préventions que conserve souvent une routine aveugle, ont fait répéter long-temps que ce mode de blanchiment brûlait les toiles; cependant on les blanchit presque généralement aujourd'hui d'après ce procédé, et on y trouve partout une grande économie de temps et de frais de main-d'œuvre.

Que n'a-t-on pas dit contre l'emploi des soudes factices pour la fabrication des savons! malgré **cela,** l'expérience a également prouvé que cette découverte chimique a eu le double avantage de rédimer la France d'une somme considérable qu'elle payait annuellement à l'Espagne, et de faire graduellement tomber le prix de ces matières de 130 fr. à 15 le quintal, ce qui a mis plus à la portée des besoins des consommateurs un article qui peut être considéré comme étant en quelque sorte de première nécessité.

Qui pourrait nier encore que la fabrication du sel ammoniac en France ne nous ait également affranchis du tribut annuel que nous payions à l'Egypte avant cette découverte due au zèle et aux lumières des chimistes modernes? Cependant l'obstination et l'ignorance des consommateurs ont été telles qu'ils ont rejeté dans l'origine ce sel, par cela même qu'il était plus pur. Les nouveaux fabricans de sel ammoniac en France n'ont pu en avoir le débouché dans le commerce qu'en en altérant la qualité, afin de le rendre au coup d'œil plus ressemblant à celui que jusques-là on était accoutumé à tirer de l'Egypte.

La carbonisation du bois à vaisseaux clos offre à l'Etat et aux particuliers des avantages qui ne peuvent plus être méconnus. Nos forêts ont été dévastées pendant les premières années de la révolution; le bois est presque partout rare et cher en France, et un procédé nouveau d'après lequel, au lieu de 16 à 18 livres de charbon que produisent 100 livres de bois carbonisées en plein air, ou peut en retirer moitié en sus, c'est-à-dire 27 livres, offre une économie que dans les circonstances actuelles le Gouvernement est intéressé à encourager par tous les moyens qui sont en son pouvoir. Ce premier avantage n'est pas le seul qui provienne de ce nouveau mode de carbonisation; on en retire encore du goudron et un vinaigre très-favorable pour les teintures en noir, dont on peut se servir aussi pour fabriquer les acétates de plomb et de cuivre connus dans le commerce sous les noms de *sel de saturne* et de *vert-de-gris*. Il est prouvé par des expériences qui ne peuvent plus laisser aucun doute, que 12,000 liv., ou cinq cordes de bois, produisent 3200 liv. de charbon, 3500 liv. d'acide à 5 et 6 degrés, 500 liv. de goudron, 4800 liv. de gaz, et, indépendamment de ces avantages, le vinaigre de bois peut être amené à un état de rectification et de concentration très-remarquables. J'ai vu à Dijon chez M. Tilloi pharmacien qui a beaucoup travaillé sur cette partie, du vinaigre de bois très-blanc, qui cristallisait à la température de

10 degrés , et, ainsi que l'alcohol, brûlait sans laisser aucun résidu.

Je n'ignore pas qu'on pourra m'objecter que sur le très-petit nombre des établissemens de ce genre qui ont déjà été formés, il en est qui sont loin d'avoir obtenu des succès qui aient répondu à l'avantage des résultats que je viens d'indiquer; mais s'il est prouvé, et cette preuve est incontestable, puisqu'elle a été faite sous les yeux de M. Vauquelin (1); s'il est prouvé dis-je, que les résultats que j'indique sont certains, il resterait à examiner d'où peuvent être provenues les pertes occasionnées sur cette fabrication. Il n'est aucune branche d'industrie, quelqu'avantageuse qu'elle soit d'ailleurs, qui n'exige dans l'origine surtout une grande prudence et beaucoup d'économie; et si, par l'effet d'une ambition peu sage, on consulte plus son crédit que les moyens réels qu'on peut avoir à sa disposition; si on affiche un luxe d'administration souvent dangereux, et toujours déplacé dans des opérations mercantiles; si on se fie trop à l'enthousiasme de certains chimistes qui ne doutent de rien en théorie, et qui sont souvent très-embarrassés dans la pratique; si on donne dans l'excès contraire, et qu'on arrête l'essor du talent par une lésinerie mesquine, etc., etc., etc., il pourra en résulter des fautes, des imprudences ou des malheurs qui proviendront moins de la chose en elle-même, que

----

(1) Le rapport imprimé de M. Vauquelin a été déposé en temps chez M. Moliter, notaire, rue St.-Marc.

des circonstances particulières dont elle aura été entourée.

Lebon, que, jeune encore, la mort enleva aux sciences qu'il cultivait avec succès, et aux arts, auxquels il eût rendu d'importans services, est le premier chimiste qui ait entrepris de pratiquer en grand la carbonisation du bois à vaisseaux clos. Les fourneaux qu'il avait imaginés pour cela, se trouvent encore dans les environs de Versailles. Rien n'était plus adroit que la méthode dont il se servait pour condenser plus promptement ses gaz ; mais ces fourneaux, beaucoup trop petits, ne doivent être considérés que comme des fourneaux d'essai. Lebon inventa aussi les thermolampes, dont, moins insoucians que nous, les Anglais se sont empressés d'adopter l'usage pour chauffer et pour éclairer presque sans frais leurs plus grandes fabriques. Les thermolampes ne sont autre chose que la carbonisation du bois ou du charbon de terre, faite à vaisseaux clos, et de manière à conduire au moyen de certaines précautions et à l'aide de tuyaux convenablement disposés les gaz hydrogène carboné et oxide de carbone, ainsi que la chaleur, vers les lieux que l'on veut éclairer et chauffer. Indépendamment de ces avantages, le charbon de terre du fourneau intérieur passe à l'état de *cock*, s'épure et devient un excellent combustible propre à tous les usages domestiques.

Il y a deux à trois ans que le passage Montesquieu, dans le voisinage du Palais-Royal, a été éclairé pendant quelques jours d'après ce procédé.

En général, il faut éviter d'adopter avec trop d'enthousiasme des découvertes nouvelles ; mais il ne faut pas non plus que l'habitude soit toujours le seul principe du défaut d'instruction. Selon qu'une découverte peut être plus ou moins utile, il arrive que ceux des intéressés qui ont plus de fortune, ou sont moins esclaves d'une routine aveugle, hasardent quelques essais ; mais pour un fabricant qui se trouve dans ce cas, combien n'en est-il pas qui plus insoucians, plus craintifs ou moins fortunés, restent pendant long-temps à une grande distance du point où ils eussent pu parvenir, si on eût mis plus à leur portée les moyens de se convaincre d'un procédé nouveau d'un plus grand avantage !

Et qu'on ne dise pas que le tort en est pour ces derniers seulement : il est des avantages de localité ou des préventions d'habitude, qui établissent une certaine compensation en faveur d'une fabrication plus coûteuse ou moins perfectionnée ; et de ce que les produits ne peuvent pas être établis sur ces lieux au plus bas prix possible, il en résulte nécessairement un dommage occasionné à celles des branches de l'industrie qui sont dans le cas de les employer.

Rendons ceci plus sensible par des exemples.

La fabrication de l'acide sulfurique est sans doute aussi perfectionnée qu'elle puisse l'être à Paris, à Montpellier, à Marseille, à Bruxelles, à Rouen et dans la plupart des grandes villes de France. Tous ces fabricans savent très-bien que la combustion d'un

(29)

quintal de soufre, faite à l'aide des proportions convenables de nitrate de potasse, etc., doit leur produire 280 livres d'acide sulfurique; cependant j'ai rencontré dans deux villes très-commerçantes et d'une population de soixante mille habitans et au-delà, des fabricans qui employaient encore, il y a six mois, des procédés si vicieux, qu'ils n'étaient parvenus à obtenir jusqu'alors que 200 livres au plus d'acide sulfurique, quantité qu'ils croyaient fermement être le *maximum* du produit de la combustion de 100 livres de soufre. Malgré cette différence considérable ces fabricans n'en trouvaient pas moins, en raison des avantages de la localité, des habitudes de leurs consommateurs, et peut-être aussi de quelques plus longs crédits, le débouché de l'acide qu'ils fabriquaient journellement. Je fus mis sur la voie à cet égard, parce que je les entendis se plaindre d'une fabrique des environs, qu'ils disaient *gâter le métier* par des prix trop bas. Ce fut en cherchant à leur prouver qu'ils devaient gagner beaucoup, en raison du taux élevé auquel ils vendaient leurs produits, que je fus instruit par eux-mêmes des méthodes vicieuses de la combustion de leur soufre et de la concentration de leur acide.

Que le fabricant garde soigneusement devers lui les procédés nouveaux ou plus perfectionnés que ses lumières et des expériences plus ou moins coûteuses peuvent lui faire découvrir, rien n'est plus juste; mais le Gouvernement doit agir d'après des idées plus libérales; et il sera toujours avantageux à l'Etat, en

général, en raison des concurrences étrangères ;
qu'il prenne toutes les mesures que dans sa sagesse
il jugera devoir être les plus convenables pour pro-
pager des découvertes utiles, pour mettre ces découvertes plus à la portée de certains fabricans, en
leur facilitant les moyens les plus sûrs de répéter à
peu de frais des essais qui en leur devenant avantageux contribuent toujours au bien général. Les arts
comme les sciences forment une grande chaîne,
qui est plus ou moins forte, en raison du plus ou
moins de perfection de ses chaînons particuliers.

Et comment, relativement aux produits chimiques
qui sont si nécessaires à quelques-uns de nos arts
manufacturiers, certains fabricans, quoique travail-
lant bien sans avoir aucune théorie, ne resteraient-ils
pas en arrière faute de renseignemens suffisans,
lorsque, dans le voyage dont j'ai déjà parlé, j'ai eu
occasion d'indiquer, entr'autres, à une personne
beaucoup plus instruite que moi en chimie, qui
dirigeait une fabrique d'acide nitrique, les moyens
découverts depuis deux à trois années à Paris (moyens
qu'il ne crut praticables que sur l'assurance la plus
positive de ma part), de fabriquer cet acide dans des
tuyaux de fonte, au lieu de faire usage des anciens
appareils ?

Ces faits, dont j'offre la preuve au Gouvernement,
le convaincront sans doute de l'avantage qu'il trou-
verait à prendre une mesure qui en propageant des
connaissances ou des découvertes utiles, pût le mettre
à même de favoriser l'industrie nationale par tous les

moyens qui sont en son pouvoir. Rien ne pourrait peut-être mieux contribuer à un but aussi important, que le rétablissement des anciens intendans et inspecteurs généraux du commerce et des manufactures, en donnant à ces fonctions la direction qui serait jugée la plus convenable, et en détournant de leurs attributions tout ce qui pourrait charger le commerce et l'industrie de liens incommodes, ou les assujétir à des règles qui pussent gêner en aucune manière la liberté qui peut seule contribuer à leur prospérité.

Une institution de ce genre offrirait au Gouvernement, dans tous les temps, des renseignemens utiles sur l'état exact de l'industrie intérieure, sur ses progrès et ses besoins, sur les encouragemens et la meilleure direction qu'il pourrait être convenable de lui donner, sur tout ce qui pourrait enfin concourir au but honorable qu'elle devrait se proposer. Cet intermédiaire entre le commerce et les douanes serait toujours un moyen certain de mettre avec impartialité sous les yeux du Gouvernement, d'une part, les prétentions des chambres de commerce, qui ne sont pas toujours exemptes de certains préjugés ou intérêts de localités; de l'autre, les entreprises des douanes, qui de leur côté tendent aussi quelquefois, par l'effet d'un zèle mal entendu ou d'une trop grande fiscalité, à sacrifier à la perception de quelques misérables droits des moyens qui gênent et contrarient la marche du commerce et les progrès de l'industrie.

Il est une foule de questions sur lesquelles l'institution des nouveaux intendans et inspecteurs-généraux du commerce aurait à prendre l'avis des chambres de commerce, pour en faire un rapport impartial au Gouvernement. Il serait superflu d'énumérer chacune de ces questions : il en est cependant qui par leur importance et par l'influence qu'elles peuvent avoir sur certaines branches de notre agriculture et de notre industrie doivent particulièrement être indiquées ici.

Je mets au premier rang, dans ce genre, le rétablissement des anciennes franchises de certains de nos ports; franchises maintenues dans toute leur force sous les règnes mémorables de notre bon Henri et de Louis-le-Grand, et supprimées le 11 nivôse an 3, ainsi qu'il est énoncé dans le considérant du décret, comme contraires aux principes d'unité, de liberté et d'égalité du Gouvernement d'alors.

Sous le Consulat, les chambres de commerce de Marseille, Bayonne et Dunkerque s'empressèrent de réclamer en faveur des franchises de leurs ports; mais leurs réclamations ne furent point accueillies. Plus tard, ces mêmes négocians essayèrent de renouveler ces réclamations; mais il leur fut expressément ordonné de se taire. Le système continental ne dut plus ensuite leur laisser aucune espérance de succès à ce sujet (1).

____

(1) J'ai fait connaître dans la première suite de mes *Réflexions sur le Commerce de France*, l'insuffisance, les abus

Les argumens en faveur des franchises des ports, ont été produits, avec autant de force que d'évidence, par divers mémoires, dont j'ai donné une analyse succincte dans mes *Réflexions sur le Commerce de France*; il serait donc inutile d'y revenir ici.

Mais il n'en est pas de même touchant une autre question commerciale, qui embrasse des intérêts plus généraux encore, et sur laquelle on ne saurait provoquer trop de renseignemens et trop de lumières; j'entends parler de la possibilité d'un traité de commerce à faire avec l'Angleterre.

J'ai déjà entamé cette question dans mes *Réflexions sur le Commerce de France*. On se dissimulerait en vain qu'ici des intérêts opposés vont s'élever de toutes parts. Dans le voyage que je viens de faire, toutes les fois que des rapports quelconques m'en ont fourni l'occasion, j'ai cherché à agiter cette question importante, et j'ai presque toujours éprouvé le regret de voir que les réponses qui m'étaient faites, étaient relatives à l'intérêt particulier des personnes à qui je soumettais mes doutes. Quelques-uns des fabricans même de Mulhouse, malgré le de-

---

et les vexations des entrepôts réels et fictifs qu'on a substitués aux franchises; et je crois avoir prouvé que ces établissemens, qui, au moyen de quelques modifications, seront toujours utiles aux villes dont la localité ne présente pas de convenances suffisantes pour la concession d'une plus grande immunité, ne peuvent point entrer en concurrence avec les ports francs des Etats voisins, qui profitent de plus en plus des avantages que le commerce français a perdus par la suppression des franchises de quelques-uns de ses ports.

gré de perfectionnement auquel ils ont su porter l'impression des toiles peintes, admettaient bien la possibilité d'un traité de commerce avec l'Angleterre, mais à condition qu'à l'instar des Anglais, qui rejettent nos étoffes de soie, ce traité exclurait aussi l'entrée en France de toute toile imprimée. Il n'est aucun des fabricans divers que j'ai eu occasion de consulter sur ma route, qui ne m'opposât l'exclusion des soieries de la part des Anglais, pour s'en faire un titre à son tour en faveur de la branche d'industrie manufacturière qui lui était relative.

Quel que soit le parti que le Gouvernement trouvera à propos de prendre à cet égard, il doit donc s'attendre qu'ici il va s'élever de nombreuses plaintes, de nombreuses réclamations, selon que les diverses classes de manufacturiers, de négocians, de propriétaires, etc., croiront avoir à craindre ou à espérer d'un traité de ce genre.

En admettant le principe d'un traité, l'expérience acquise par l'effet de celui de 1786, ne sera pas inutile pour établir aujourd'hui les mesures les plus propres à augmenter la somme du bien et à diminuer celle du mal qui pourront en provenir; et dans un acte de ce genre, il faut nécessairement, quelque pénible que ce puisse être pour ceux dont les intérêts sont lésés, faire abstraction d'un moindre mal particulier, s'il peut en provenir un plus grand bien général.

Je suis entré dans des détails assez étendus, relativement à nos manufactures, dans mes *Réflexions sur le Commerce de France;* je dois donc me borner à émettre ici quelques opinions sur les circonstances particulières dans lesquelles nous nous trouvons aujourd'hui.

Laissant de côté tout point de vue politique, je ne traiterai la question que sous ses rapports commerciaux.

L'effet du système prohibitif qui a été soutenu si rigoureusement pendant plusieurs années, en créant pour la France, dont le Chef dictait alors des lois despotiques à tous ses alliés en Europe, un monopole continental, a dû diriger les efforts de certains de nos fabricans, même vers des branches d'industrie qui ne pouvaient avoir de grands succès, qu'autant que les lois prohibitives qui s'opposaient à toute introduction étrangère en France et sur le continent, étaient rigoureusement observées.

Sous un pareil système, toute branche d'industrie était bonne, pourvu qu'elle n'excédât point les besoins de la consommation, puisqu'aucune concurrence étrangère ne pouvait lui être opposée. Ainsi, tous les genres de fabrications, pour lesquelles on a plus compté sur l'effet du système continental que sur les convenances qui devaient motiver leur établissement, ne pourront plus soutenir aujourd'hui la concurrence des Anglais sur les marchés étrangers, et il en résultera un dommage réel qui ne devra être attribué qu'à cette circonstance. Les plaintes de ces fabricans n'en grossiront pas moins cependant le nombre de celles qui pouraient être élevées à meilleur titre.

Rien ne me paraît pouvoir être plus justement

appliqué à la question d'un traité de commerce avec l'Angleterre, que ce principe que le conseil de commerce d'Anvers a si clairement développé par son mémoire du 9 frimaire an 10, adressé au ministre de l'intérieur.

« Nous croyons, » ont dit ces négocians, qu'on peut mettre au rang des plus éclairés et des plus habiles de France; « nous croyons que toute prohi-
» bition absolue sur un objet de manufacture étran-
» gère qui est aussi fabriqué ou imité en France, de-
» vient inutile, dès que la manufacture nationale ne
» saurait soutenir la concurrence avec une diffé-
» rence dans le prix, en sa faveur, de 20 pour cent
» de la valeur; parce que nous pensons que toute
» marchandise quelconque imposée à plus de 15
» pour cent de la valeur, sera introduite en fraude
» par l'un ou l'autre point des frontières, malgré la
» vigilance et les mesures les mieux concertées.
» Ajoutant à ces quinze pour cent encore 5 pour
» cent pour frais de transport ou autres, à quelque
» point que ce soit de la république, il nous paraît
» s'ensuivre que si cette marchandise étrangère est
» meilleure que celle fabriquée chez nous, et que
» celle-ci, avec cette différence de vingt pour cent,
» ne saurait encore soutenir la concurrence, la mar-
» chandise étrangère sera consommée, et la nôtre
» rebutée. »

Or, la conséquence à tirer de ce principe est que toutes celles de nos manufactures qui ne sont pas en état de repousser au dedans la concurrence étrangère grevée d'un droit de 15 pour cent, les frais en sus, ne pourront provenir que de branches d'industrie qui auront été poussées forcément dans des canaux qui leur étaient naturellement désavantageux. Cette conséquence me paraît aujourd'hui pouvoir être niée d'autant plus difficilement, qu'il est de fait que 15 à 20 années d'une prohibition rigoureuse de produits étrangers, et de grands débouchés en Europe, ont dû fournir à nos fabricans de tout genre la faculté d'acquérir et de perfectionner toutes les connaissances et les procédés relatifs aux arts manufacturiers qu'ils ont été à même d'exploiter.

D'autres observations se présentent ici. Sous un Gouvernement légitime et paternel, il est impossible d'appliquer à certains délits la peine capitale dont la loi punit à juste titre le scélérat coupable des plus grands crimes. « Tel individu (1), quoique blâmable, sans doute, de violer les lois de son pays, » n'en est pas moins incapable de violer celles de la » justice naturelle, et fût toujours resté, à tous » égards, un excellent citoyen, si les lois de son » pays ne se fussent pas avisées de rendre criminelles » des actions qui n'ont jamais reçu de la nature un » tel caractère. »

Les lois sur la répression de la contrebande ne peuvent plus aujourd'hui être aussi terribles, aussi effrayantes qu'elles l'ont été sous le régime précédent; dès lors le défaut d'un traité avec l'Angleterre ne garantirait point les fabricans actuels de la concurrence étrangère que la contrebande occasionnerait,

***

(1) Smith.

et le Gouvernement y perdrait, de son côté, le montant des primes, qui, au lieu d'être versé dans ses
caisses à titre de droit d'entrée, le serait dans les
mains des fraudeurs à titre de prime de contrebande.
Il n'est aucun fabricant qui puisse méconnaître cette
vérité; il n'en est aucun qui puisse espérer qu'aujour-
d'hui des visites domiciliaires et des mesures atro-
cement révolutionnaires puissent être proposées et
encore moins adoptées pour maintenir un système
fiscal qui a détruit le commerce de nos ports encore
florissant, même en l'an 6, malgré l'état de guerre
dans lequel nous nous trouvions alors avec la plus
grande partie des puissances de l'Europe ; d'un système fiscal dont le bien de l'état et l'intérêt de nos
manufactures, il est inutile de se le dissimuler, n'é-
taient qu'un vain prétexte, car avec des intentions
plus louables, le Gouvernement, en interdisant aux
particuliers la sortie de nos grains, ne se fût pas ré-
servé de les vendre lui-même aux Anglais (1) : avec

-----

(1) Ce fut après avoir fait des bénéfices immenses sur les quantités considérables de grains que le Gouvernement avait vendus
à très-haut prix aux Anglais ; après avoir fait des bénéfices non
moins grands sur les sucres et les cafés, qu'en retour de ces
ventes, et avant d'avoir accordé des licences, il achetait
presque pour rien en Angleterre, et faisait revendre à des
prix excessifs en France, que le Gouvernement se crut en
droit de grever les communes d'un nouvel impôt de vingt-
cinq millions. Sans doute il était très-urgent de venir au secours des classes indigentes du peuple, prêtes à mourir de
faim et de misère à la suite de pareilles opérations ; mais n'é-
tait-ce pas à l'auteur de dispositions aussi imprudentes à

des intentions plus louables le Gouvernement, qui ,
par l'organe de son ministre du commerce et par
celui de tous les préfets, excitait tant de fabricans
dupes de leur confiance, à élever des fabriques aussi
coûteuses de sucre indigène, n'eût pas accordé
presque dans le même instant un si grand nombre de
licences pour importer en France des quantités considérables de sucres exotiques ; d'un système fiscal
qui ne respectait ni la fortune, ni même l'honneur et
la vie des citoyens qui, sur la simple dénonciation
d'un contrebandier, ou sur une accusation de con-
nexité, pouvaient être enlevés à leur famille, exposés
à des amendes énormes, mourir dans les prisons, et
parfois même périr sur l'échafaud......... Non, des
mesures aussi odieuses seront repoussées avec hor-
reur sous le régime paternel de nos Souverains légi-
times. Les fabricans doivent se pénétrer de cette vérité, que c'est moins sur l'abus de la force, sur des
droits trop élevés auxquels on trouve toujours le
moyen de se soustraire, que sur la prudence et la
sagesse de leurs opérations, que sur le perfectionnement de leur industrie et des encouragemens convenables, qu'ils doivent fonder aujourd'hui leurs
plus grandes espérances.

---

rester chargé du soin d'en réparer les funestes effets ? et par
quel abus de pouvoir une telle circonstance put-elle devenir
l'origine de la violation du droit le plus généralement re-
connu des nations, celui de voter leurs impôts ?

Ah ! ce n'est point ainsi qu'au lieu d'*une mauvaise soupe*,
Henri IV entendait que les paysans de son royaume pussent
chaque dimanche mettre une bonne poule au pot !

Il est des branches d'industrie « pour lesquelles
» un pays a sur un autre des avantages si évidens,
» qu'au sentiment unanime de tout le monde, il y
» aurait de la folie à vouloir lutter contre ces avan-
» tages. » On se demande, par exemple, avec éton-
nement comment il est possible que tel commerçant
qui jusque-là avait été sage, prudent et réfléchi, ait
pu adopter les idées qu'on lui a suggérées relativement à la fabrication du sucre de betteraves, avec un
enthousiasme assez exalté pour lui faire hasarder
presque sa fortune entière, et peut-être au-delà, sur
la seule espérance d'un succès qui, lors même qu'il
eût été obtenu, ne pouvait être que momentané?
Sans doute l'intérêt de ces fabricans va beaucoup
souffrir du nouvel ordre de choses à établir ; et ils
sont d'autant plus fondés à s'en plaindre, que trop
de zèle de la part de certains administrateurs, et
les plus grands encouragemens de la part du ministère, ont sans cesse tendu à exciter leur émulation
à cet égard. Mais serait-ce là un motif pour maintenir plus long-temps les droits sur le sucre de cannes
au taux élevé auquel ils avaient été portés? Non,
sans doute. Je sais fort bien qu'on peut m'opposer à
cet égard l'intérêt actuel de nos colonies, qui étaient
perdues pour nous à l'époque où ces mesures ont
été prises : mais je n'ai cité cet exemple que pour
mettre dans un plus grand jour le désavantage qui
peut provenir d'une branche d'industrie mal choisie.

Ce ne sont pas les lois prohibitives de l'Angleterre, mais le bas prix et la qualité de certaines
étoffes de laine et de coton, qui en repoussent effica-

cement toute introduction étrangère : les vins et eaux-de-vie de France ont toujours été ou prohibés ou assujétis en Angleterre, à des droits excessivement élevés; et cependant, à l'époque de ses franchises, Dunkerque trouvait un débouché facile de 18,000 pièces d'eau-de-vie, et de 32,000 barriques de vins qui, pour la plus grande partie, passaient en fraude en Angleterre : or, si la contrebande se fait sur des marchandises d'un tel volume et d'un tel poids, à plus forte raison pourrait-elle se faire aussi sur des objets moins volumineux et plus faciles à transporter.

Il serait inutile de répéter ici les détails dans lesquels je suis entré en 1804, sur l'effet des droits trop élevés et des prohibitions, sur l'intérêt des consommateurs qui composent la plus grande partie de la nation (1). « Prohiber des marchandises étrangères » qu'on pourrait se procurer à moitié prix de celles » de même nature qu'il faut acheter à nos fabricans, » c'est occasionner à la nation entière une dépense » double de celle qu'elle aurait à faire; c'est vouloir » contraindre l'industrie nationale à s'exercer sur » des fabrications désavantageuses, tandis que si on » la laissait libre, elle se porterait au contraire » d'elle-même, vers celles qui lui assureraient le » plus de profits. » Tout doit se réduire à cet égard à ce sage principe, que « si la marchandise étrangère » est meilleure que celle fabriquée chez nous, et » que celle-ci, avec une différence de 20 pour cent

____

(1) *Réflexions sur le Commerce de France.*

4

» de droits et de frais, ne puisse point encore en
» soutenir la concurrence, la marchandise étrangère
» sera consommée, et la nôtre rebutée. »

Mais si, d'une part, un traité de commerce entre la France et l'Angleterre peut être jugé praticable avec des avantages respectifs, de l'autre, il n'en est pas moins des précautions indispensables à prendre à ce sujet.

Il serait imprudent de trop se hâter d'en venir à la conclusion d'un traité de ce genre, et préalablement il n'est pas de discussion, quelque minutieuse qu'elle puisse paraître, qui doive être rejetée. Toutes les chambres et tous les conseils de commerce doivent être consultés à ce sujet.

Dès qu'il aura été statué quelque chose de relatif à nos colonies occidentales et orientales, d'autres questions non moins importantes se présenteront à cet égard ; mais le sort de nos malheureux colons chassés et dépouillés de leurs propriétés depuis tant d'années, l'intérêt de notre agriculture, de notre industrie et de notre commerce maritime, qui trouveront toujours plus d'avantages dans des relations moins éloignées, qui pourront être renouvelées plus fréquemment, porteront sans doute le Gouvernement à fixer principalement son attention sur nos colonies d'Occident. Quant au commerce de l'Inde, la discussion qui a eu lieu à ce sujet, touchant le système de la liberté ou celui d'un privilége exclusif, est encore si récente, que le Gouvernement trouvera aisément dans les mémoires, les instructions et les débats qui ont paru ou ont eu lieu à cette époque, les renseignemens suffisans pour prendre relativement à la direction à donner à ce commerce, le parti qu'il jugera devoir être le plus convenable.

Quelque induction que l'on puisse tirer de mes opinions particulières, je suis loin de prétendre les présenter ici comme des preuves infaillibles, relativement aux diverses questions que je viens d'agiter; je déclare seulement, à cet égard, que je suis sans intérêt d'aucune espèce, autre que celui qui m'attache à ma patrie, et me fait désirer sa plus grande prospérité.

Après tant de malheurs, la France voit enfin se lever l'aurore du jour qui va lui rendre le repos et la paix. Si les tyrans qui, sous de vains prétextes, ensanglantent la terre, doivent être voués à l'exécration des siècles, les souverains magnanimes qui viennent d'acquérir tant de titres à nos respects et à notre gratitude, ont prouvé que les Rois vertueux sont ici-bas les envoyés de la Divinité. Déjà le retour de nos Princes les plus chéris nous a rendu l'espérance; bientôt l'arrivée du Roi va nous ramener le bonheur. De longues années de chagrins et d'infortune, et le séjour de S. M. chez un des peuples de l'Europe les plus éclairés en fait de liberté civile et commerciale, ont permis au Roi d'exercer ses plus profondes méditations sur tout ce qui devra contribuer à faire cesser plutôt le souvenir de nos malheurs passés. Eh! qui mieux que ce Prince vertueux et éclairé pourrait concourir aujourd'hui à rendre plus solides et plus stables les lois qui assureront désormais la dignité de sa couronne, l'existence de vos droits politiques, et tous les encouragemens que le commerce doit attendre de ses bontés !

Que grâces vous soient rendues, ô mon Dieu! mais que ces jours de paix et de bonheur ne soient plus troublés par des sentimens de haine ou de vengeance! Puissent tous les Français imiter l'exemple généreux de leur Roi, et les grands coupables n'éprouver d'autre punition que celle de la honte, ou d'autre proscription que celle du remords.

FIN.

De l'Imprimerie d'ANT. BAILLEUL, rue Helvétius, N°. 71.